의자가 없어서 봄은 오지 않았다

한정원 시집

상상인 기획시선 10

내가 쓴 시는 잉크가 기억해 낸 것
잉크가 기록한 시는 나의 몸에서 나온 것

*본문 페이지에서 한 연이 첫 번째 행에서 시작될 때에는 〈 표기를 합니다.
*저자의 의도에 따라 작품의 보조 동사와 합성 명사는 띄어쓰기가 달라질 수 있습니다.

시인의 말

날짜 옆에 꿈을 적는다.

날씨 옆에 약속을 기록한다.

나는 언제나 약속이 있는 사람처럼 고요의 장소로 들어간다.

2025년 11월

한정원

차례

1부 우리의 바깥은 아직 사막

이상한 열매	19
의자의 엔트로피 1	20
청동 집게	22
눈사람의 시간	24
유리 커튼	26
사과꽃이 핀다	28
탭댄스	30
마이크	32
지금도 걷고 있는	34
불면은 밤에만 있는 거래	36
센트럴 파크	38
태양의 서커스	40
토트넘	42
신안	44

2부 바닷속에 있다면 우산이 필요할까

특이점 singularity	49
런웨이	50
올리브나무는 저녁을 밀어내고	52
잉크	54
강아지 찾기	56
고래를 찾아서	58
벨파스트	60
슬픔의 도구	62
나는 영등포역에 있었다	64
호루라기를 불었다	65
살아 남겨진 사람들	68

3부 수레국화 방향으로 기울던 밤의 외출

해바라기 감정	73
가변 풍경	76
페르시아어 수업	78
타인의 방	80
해바라기 감정 2	82
탄천炭川	84
라이너스의 담요	86
움직이는 침대	88
사막의 방식	90
식당의 이유	92
나뭇잎 사이로 햇살	94
플라스틱 파도	96
슈투트가르트	98
도시의 주름들	100
속수무책	102
일기예보	104
꿀벌의 말을 듣지 못했다	106

4부 슬픔은 오래도록 아프리카 숲속을 물들이다가

문경	111
의자의 엔트로피 2	112
Writer's Block 3	114
눈雪	116
왜	118
옥상	120
시간의 뒤편	122
포트메리온이 있는 후식	123
수색	124
손을 놓치다	126
오늘, 단풍	128
얼룩말, 초현실주의	129
파로호破盧湖 감성	130
내포	132

해설 _ 소통과 유대를 꿈꾸는 도시인의 시	135

문혜원(문학평론가, 아주대 교수)

1부

우리의 바깥은 아직 사막

이상한 열매

　노래의 끝에는 언제나 스파이가 서 있지. 가사를 듣는 것이 아니라 수사하는 청각으로 악보 끝에서 기다리지. 가수는 슬픔을 기록하고 슬픔에 불을 지르고 도망가지 않아. 무대가 떨어뜨릴 때까지 마이크를 붙잡고 끌려가는 드레스 사이로 파이프처럼 뒹구는 마이크 스탠드. 시인보다 더 크게 노래하는 붉은 목소리, 아픈 노래의 끝에는 언제나 기침이 흘러나오지. 노래는 부르는 것이 아니라 비밀의 숨소리를 피와 함께 토해내는 것. 들판에 앉으면 배신해도 좋은 뒷모습의 바람이 불어오고 노래는 가슴으로도 아니고 복부로도 아니고 꼬리뼈 끝에서 끌어올리는 아홉 살 가는 손목에서 시작되지. 목숨은 늘 나뭇가지에 걸려 있고 위험하게 열매를 맺고 이상하게 꽃이 피어나지. 남쪽에서 불어오는 이상한 바람, 휴일의 끝에는 스파이가 문밖에서 기다리고 있지. 홀리데이, 문을 열자마자 들이닥치는 호러데이.

* Billy Holiday, 「Strange Fruit」.

의자의 엔트로피 1

의자가 없어서 봄은 오지 않았다
바람이 걸려 있는 숲속에 서 있었다

구청에서는 버스정류장을 하나 더 만들어 놓고
노인들을 기다렸다
의자를 놓기 위해 정류장을 늘리고
산수국화에 받아놓은 빗물을 주고
목적지 노선표에 전광판을 연결했다

의자가 생기고 소식은 오기 시작했다
약국은 최초로 의자가 있어서 쉴 수 있던 곳
약국에서 만난 당신이 잘 있으면 나도 잘 있다고
면도를 하고 정류장 의자에 나와 앉아 있으면
나도 잘 있는 거라고
연인은 떠났지만 의자는 나를 떠나지 않았다

의자에 앉을 때 하늘을 올려다볼 수 있는
허리를 받쳐주고 목을 기댈 수 있는 의자를
구청에서 개발했다고
밤에는 별을 보기 위해 따뜻한 정류장 의자에 갔다

〈
봄은 떠나기만 하는 계절

항상 뻥튀기를 사서 들고 오는 노인은
가벼운 과자의 빈 공간이 좋다고
햇살을 향해 앉았다가 경쾌하게 집으로 갔다
우울한 날에는 동편을 향해 앉고
기쁜 날에는 서쪽으로 앉았다

버스는 갈 곳을 짚어 주었다
실시간으로 빨간색 화살표는 깜박거리고
갈 곳 없는 노인들은 전광판을 따라
예전에 가본 곳을, 살았던 곳을 기억하며
백 년을 더 살았다

버스정류장에 나와 앉아보는 봄, 가을
노인들은 해가 질 때 다시 의자를 확인하고
구청 직원은 가끔 의자에 앉아 누군가를 기다렸다

의자는 따뜻한 바닥을 갖고 있었다

청동 집게

뒤돌아서서 걸었는데 나는 집에 도착해 있었다.

나의 외출과 빈방을 꽉 물고 있는 집게 하나가
책상 위에 있다는 것을 알았을까.

아침에 튕겨 나갔다가 퇴근 시간이 되면 자동으로 안착하는 회귀성, 나의 과거까지 지렛대의 힘으로 지탱하는 우주의 집게가 안간힘을 쓰고 있었다. A4 용지 백 장을 가두고 있는 청동의 깍지 낀 손가락, 근대와 현대가 맞물려 있고 리쾨르와 하버마스가 밀착되어 있는 틈새로 어제의 바람이 납작하게 눌려 있었다.

빵집 점원은 그날 크림과 설탕을 가득 뿌린 집게로 부풀어 오른 치즈 치아바타를 묶어 주었다. 반쯤 공기가 통하는 봉지에서 뿌리가 숨을 쉬며 뛰쳐나오려고 집게를 밀어 올리고 있었던 것일까.

흘러나오던 뉴스와 발표하지 않은 원고가 미결제 보류로 누워 있는 밤, 새벽을 함께 연결하는 기둥과 기둥을 책상 위 집게는 단단하게 묶고 철야를 했다. 바람이 불어도 굴러가지 않는 바퀴.

 일요일 오후 국립박물관에서 나는 과거로 들어갔는데 어느새 집에 와 있었다. 지구에서 밀려날까 봐 책상 위 청동 집게는 원격조정으로 나를 관찰하고 있었다.

눈사람의 시간

떨고 있는 눈사람에게 녹지 마, 라고 말하는 대신 울지 마, 하고 증발하는 어깨를 털어주었지.

너는 눈이 있으니까, 물을 품고 있으니까, 뺨이 있으니까, 스며들 입이 있으니까. 울고 나면 하늘이 씻은 듯 없어질 것 같아 다시 녹지 말라고 얼음 밴드를 붙여주었지.

언제나 흘러내리는 무릎, 탈주할 기둥 뒤에서 시간을 재고 있는 모래시계 속 눈가루 날리는.

소멸한다는 것은 돌아갈 곳이 있다는 것을 알았을까, 흐르는 아스팔트, 도착할 호수와 바다가 있다는 것을, 우주의 작은 숲속으로 길을 내고 있다는 습관을.

세상에 나쁜 날씨는 많았지, 이탈한 햇빛과 바람이 성을 쌓는 동안 눈의 살점을 떼어내 오리를 만들고 기러기를 새기고 아기를 낳고 미래는 눈보라 속에서 희미하게 쌓여 갔지. 나는 눈사람 애인, 눈송이 시계를 따라가며 뜨거운 피가 흐르는 노래를 불렀지. 소리쳐도 무음으로 서 있는 타인의 노래를 들으려고.

 녹지 마, 울지 마, 온몸으로 사라지는 그림자.

 물의 뼈만 남기고 사라졌다가 다시 척추를 세우는 겨울의 집. 사람 속에 있는 눈을 보았지. 사람 눈을 들여다보는 눈부처를 찍었지. 눈빛 속에서 흘러내리는 눈의 몸을 보았지.

 녹지 마, 라고 말하는 대신 울지 마, 하고 위로했지. 모든 액체는 슬픔인 것처럼.

유리 커튼

아이스크림을 들고 서 있었지요
시간이 가벼워지면서
아이스크림은 움츠러들었어요

녹아내리기 전에 국경을 통과해야 하는데
유리막 안쪽에 포함된 당신은
답을 주지 않았지요

나는 사라지는 물질을 들고 숨을 내쉬지 않았어요
당신은 오래 앉아 있는 사람
눈물을 보여도 젖지 않는 사람
신호만 보내는 사람
7초 동안 정지,

유리벽 안쪽에서 당신은 마치
부화를 기다리는 푸른바다거북 같았어요

아이스크림이 시멘트처럼 굳어도
우산 속뼈대를 다 뽑을 때까지
호명하지 않는군요

부러지는 시간의 마디
깨지고 있는 우유와 설탕과 젤라틴 파편들

나는 출국할 수 없는 서류를 들고
제2터미널에서 오전과 오후를 구별하지 못했어요

보이는 것은 보이지 않는 것보다
더 난해한 자세인가요
부드러운, 녹는, 사라지는, 작아지는
휘발하는 타인의 뒷모습이
차단막 앞에서 항상 어정쩡했어요

사과꽃이 핀다

사과꽃이 피어서 약국에 갔다. 사과꽃이 필 때 넘어졌던 사람은 사과꽃이 피는 계절에 다시 아프다.

우리는 왜 모두 같은 부위가 아픈 것일까. 우리의 상처는 식물성이어서 싹을 틔우고 이파리를 달고 뿌리를 잊지 못하는 것일까.

소염진통제를 찾으며 민트 향 파스를 붙이고 약국에서 자주 만나는 기억들, 오늘은 그 향기가 더욱 진하게 번져나가 꽃향기에 섞일 것이다.

사월은 한꺼번에 몰려와 옹알이하는 꽃나무의 아랫배를 감싸고 있다. 꽃을 피운 적이 있기에, 생명이 태어나는 시간에 힘을 준 적이 있기에 초록은 봄에 기대어 졸고 있다.

비슷한 유년과 비슷한 사춘기를 보낸 비슷한 중년들이 처방전을 들고 같은 장소에서 만난다. 바람이 부는 날 추웠던 사람들은 창문이 흔들리면 옷깃을 여민다. 아픈 사람의 표정은 왜 다 비슷한 걸까.

〈
조제실 유리창을 비추어보며 입꼬리를 올려본다.
사과꽃이 피어서 새벽에 우리는 일찍 깨어 일어난다.

탭댄스

모스 부호다
타자기 두드리는 소리다
글자들이 튀어 오르듯
암호처럼 빠르고 짧게, 세게, 약하게
빗방울이 되어 코끝을 부딪친다
쇠붙이를 박은 언어들은 ㄸ, ㅌ ㅎ, ㄲ,
흩어졌다가 모였다가 공중돌기하다가
흑백의 파편을 뿌린다
추위를 견디려고 폴짝폴짝 뛰는 추운 나라 사람처럼

허공은 터졌다가 다시 봉합된다
캐스터네츠의 파열음
우리의 암호는 익숙하다
착지하는 순간,
바닥을 치는 소리 듣는다
언제나 그렇듯

타악기처럼 받아줄 울음의 공명이
다섯, 여섯, 일곱, 여덟
광야를 질주한다, 고백한다, 담을 넘는다

넘어진다, 깨진다, 호명한다

모스 부호의 비밀을 벗어난 스팽크, 셔플
발과 구두 사이
발가락 끝과 발뒤꿈치 사이
한 생애가 엇박자로 이어진다

울림과 두드림은 여기까지

마이크

우리의 바깥은 아직 사막이라 에코가 없다
2초 늦게 도착하는 나의 목소리

메아리를 지우고
소음과 잡음이 갇혀 있는 캡슐에서
파도 같은 주파수를 점검한다
하나 둘 셋,
어떤 울음소리는 굵게 어떤 웃음소리는 가늘게

광물학적으로 들려오는 빗방울 소리
서쪽 하늘 밀화부리새가 날개를 터는 전선,
이마와 콧등이 스치는 한 뼘 간격을 두고
얼굴의 반을 가리는 마이크 앞에 서서
나의 발성은 비음으로 붕괴한다

오후 운동장은 소리기둥을 세우고 회전하던 곳
함성을 멈추고 잠시 정지한 광장을 잠재우는 곳

허공에 획을 그어야 하는 전갈이 있다
노이즈가 서식하는 검은 스피커 속

어둠의 동굴을 뚫고 나와 적재되는 소리 벌레들

방음벽에 부딪힌 나비가 꽃의 거리를 탐색한다
이곳은 허공, 지금은 바다, 곧 절벽
마이크는 지나간 노래와 뜨거운 입김을 기억하며
다음 차례를 기다려준다

지금도 걷고 있는

어디를 향해 걷고 있는 것일까

누구도 정지시킬 수 없는 보폭이 있다
눈빛은 이미 먼 곳에 도착해 있고
발바닥은 심장보다 깊은 박동 수를 들려주며
걷다가 뛰다가 높아진다

한강, 끝없이 걷고 있는 밤의 발자국들
동쪽으로 서쪽으로 비껴가는 어깨와 팔꿈치
가쁜 숨으로 어둠을 가르며 뛰어가면
그 끝에는 수자원공사 지부가 있고
고가도로 아래 돌다리가 있고
동물의 발자국이 파여 있는 돌무덤이 누워 있다

시선은 수평보다 높게 팔을 저으며
오늘 안 가면 안 된다,
기다려라, 내가 간다
부풀어 오르는 우레탄을 밟는다
그렇게
〈

목적지는 있는 것일까

깨어나는 물속 물고기들에 귀 기울이며
걷는다, 밤을 두드리는 밤안개
그 끝에는 낚시터가 있고 한강수질측정소가 있다

우리는 어디를 향해 가고 있는 것일까
표지판도 보이지 않고 화살표도 지워진
일방통행 산책로에서
강을 따라 달리는, 별빛을 따라가는

허공을 받치는 호흡의 비트

불면은 밤에만 있는 거래

해가 안 뜨면 어떻게 하지?
사방연속무늬와 양 떼들을 걱정하는 밤

커튼 하나 사이로 어둠이야
밤의 뇌 작용을 지속시키는 기면성은 떠나고
불면은 시인과 어울리는 거라고 해

밤만 기억하는 우리들, 해결되지 않은 논쟁은
밤까지 기다려 볼까

 밤으로의 긴 여로, 밤의 불청객, 밤의 마술 피리, 밤의 여왕, 밤하늘의 별을 따라, 밤하늘의 트럼펫, 은하철도의 밤, 루카치의 별을 따라가는 밤, 밤은 소유격이 필요한가 봐

밤에 깨어 있는 사람은 걱정이 많대
밤의 모서리가 깎여질까 봐
밤의 두께가 얇아질까 봐
나팔꽃처럼 귀를 닫고
밤이 날아갈까 봐

별이 가는 자리를 지키고 있는 거래

또 걱정하는 밤, 낮을 걱정하지 않는 밤
불면은 밤에만 용기가 생기는 색깔이래

낮에는 잠이 안 와도 불면이 아니잖아

센트럴 파크

내가 착륙하기 때문에
광장은 비어 있는 것입니까

겹주름을 쌓으며 오후까지 내리고 있는 태양은
광장을 편애하는 것입니까

소래포구로 달리던 전동차가 우주선이 되어 광장 가운데 서 있습니다. 바람 한 줄기 불어오지 않는 재킷 속, 나는 엄마의 우주복을 잡고 성큼성큼 트라이 볼 속으로 올라갑니다. 종유석처럼 맺히는 땀방울을 따라 물안개 가득한 부두로 가던 엄마를 놓치곤 했습니다.

미래에는 병원이 들어설지 몰라, 광장은 풀을 키우고 호수를 만들고 수련을 띄우고, 우리는 그 안에서 밥을 먹습니다.

아픈 사람은 공원에 앉아
흔들의자처럼 앞뒤로만 움직입니다
계속 흔들리지만 아무 데도 가지 못합니다
중앙에 걸터앉아 있을 뿐

〈
지상 엘리베이터를 기다리며 광장은 비어 있습니다
모든 버스는 이미 떠나가고
은빛 트라이볼은 이륙 준비를 합니다
입구를 찾지 못하는 외지인이 유리문을 밀어 봅니다

엄마를 따라가던 중앙시장 골목
간장 냄새는 머리카락에 배어 지금도 어디론가 달려갑니다
하늘로 향하는 전망대와 지하로 가는 계단과
이륙 준비를 하는 우주선은 모두 중앙에 모여 있습니다
지금 나를 기다리며
광장은 그렇게 뜨거운 바닥을 남겨 놓은 것입니까

태양의 서커스

몰랐던 얼굴
우리는 엘이디 불빛 아래서 만난다
슬펐던 것은 옛날인 척,

허공에서 우리는 만난다

미끄러지지 않는 손바닥
걸려 있는 발등의 각도로 깍지 끼어 있는 예감
음악 없이 사다리를 오르내리는 것은
밤의 축제에서 해야 할 일

텀블링을 하며 구토하고 싶었던
봄날 벚꽃나무 옆 가설무대에서

낮이 아니어도 부서지는 전광판 아래
한순간만이라도 찬란하다면

밥 먹고 옷 갈아입고 분장을 하고
타이즈의 탄력으로 버텨온 기립 자세
떠나온 시간도 팽팽해져

우리의 근육은 원형 무대에서 풀어진다

천막 속에서 잠자는 야성을 찾아
옛날은 저글링을 하며 낙하한다

낯설었던 얼굴
밥을 같이 먹고
멜로디가 끌고 가는 같은 리듬에
우리의 손도 발도 닮아가고
우리의 십 년도 같은 얼굴을 내민다

태양은 제목 앞에 붙는 것이 마땅하다

토트넘

  잔디는 연둣빛 그림자 아래서 소생한다.
  초록을 살리는 유리 돔 햇살
  흙냄새가 섞일 때까지 농도를 맞추고 빗줄기를 기다린다.

  넘어지지 않으려고 도착한 사람들이 달리는 시간 뒤에서 백넘버를 달고 뛴다. 나는 잔디 위 등을 타고 미끄러지다가 깨진 이마에서 붉은 풀의 깊이를 기록한다. 습관처럼 쌓이는 주머니 속 옐로카드들.

  가만히 있으면 엄지발가락 발톱이 자라서 걸을 수 없다는 남자들이 무엇인가 걷어차기 위해 경기장으로 들어오고, 공이 진두지휘하는 허공에서 넘어지는 법을 배운다. 앞으로, 옆으로, 위로, 받아넘기고, 뒤에서 당기고, 밀치고, 날아가고.

  오래된 우물, 핫스퍼, 빨간 이층 버스, 공을 따라 속력을 내는 깃발들을 지도에서 찾으면 경기장이 나온다.

  지게차는 느린 동물처럼 손을 뻗어 뒤엎어진 잔디 뿌

리를 다시 심고 바람을 섞어놓는다. 관중이 돌아가야 복원하는 저녁, 주저앉고 튀어 오르고 넘어지며 달려가던 함성이 수만 개 의자에 걸터앉는다.

경기가 끝나면 잔디는 게이트 입구에서 고요한 기록을 기다리며 뒤척일 것이다. 동굴 속을 통과한 출입구 계단이 '나의 운명'이라고 외치는 사람들을 태우고 잠자리처럼 카메라를 따라간다, 로버트처럼.

잔디는 갈라지다가 다시 만나고 스프링클러 방향으로 각도를 틀다가 관객이 나타날 때쯤 전복한다.
잔디가 응원을 마치고 물을 마실 때 식당은 선수들을 기다리며 문을 연다.
물탱크를 굴리며 소행성처럼 떠다니는 유니폼의 글자들.

신안

미궁에 빠져도 좋겠다
젖어 있던 흙의 얼굴이 숨을 쉬며 나타난다면
기억의 본색을 드러낸다면
발바닥이 무너져 헤어나지 못해도

이렇게 저렇게
진창 속으로 빨려 들어가는 해저의 통로라도
꿈을 꾸면서 걸을 수 있겠다

나의 대낮은 망설임뿐이었기에
햇살은 어둠 속을 파고 들어갔던 것
바다 밑에 있던
섬 속에 있던
신안

바람이 귀 기울여 해석한다
쇠제비갈매기의 삼 초간의 신호
데본기로 남아 있는 물결 소리에 대하여
퐁포롱, 뽀로롱, 꼬로로롱
거품 물고 낮잠 자고 있는 바닷속 골목에서

태양의 전파를 타고 달려오는 육지의 촉수

썰물의 간격은 견딜 만하다
물고기들은 움직일 수 없는 풍경에 싸여
더 침잠해도 되겠다
무너졌던 발바닥이 꼿꼿하게
물 위를 긋고 가는 수평선과 지평선의 경계

갯벌의 농도는
밀물일 때 더 짙어지고
미궁으로 빠져들던 비릿한 내음은
본색을 숨길 수 없어 속울음으로
바닥에 가닿는다

2부

바닷속에 있다면 우산이 필요할까

특이점 singularity

뜨거운 눈물을 흘릴 줄 아니?
눈물을 닦아줄 수 있니?
미래에 대해서 말할 수 있어?

내일의 날씨를 말해봐
눈이 올까 겨울비가 내릴까
삭신이 쑤시는 통증의 계절을 느낀 적 있니?

악수를 하며 따뜻한 체온을 나에게 전해줘
찡그린 내 눈썹이 무슨 방향인지 눈치챌 수 있어?
누군가를 기다리며 문지방을 넘어가는
나를 따라오는 햇살의 분절을 연결할 수 있겠어?

분노가 나를 일으켜 세웠다는 말
어두운 길목 입구에서 나를 기다려본 적 있니?
사십 년 후에 우리는 어떻게 만날까

위치가 바뀐 운동장에서 너는 나에게
명령을 할까, 혀를 내밀며 약 올리며 달아날까

누가 먼저 겸손해질까

런웨이
- Yrsa Daley_Ward를 위하여

만약 거기에 맞추기 위해 고개를 숙여야 한다면
그건 옳지 않아
항상 네 마음이 있을 거야
네 마음에 그 사건이 따라오게 해

H&M 쇼윈도 앞에서 너의 금빛 머리칼을 옷에 대보면
자꾸 튀어 오르는 옷의 숨소리가 들린다
옷의 유기체로 뻗어가는 몸의 저항,
자메이카의 골목은 네가 걸어갈 때마다
오프 비트로 흐느낀다

그런 것 다 기억하면서 모델이 되고, 시인이 되고
아버지를 몰라도 되는 서울 일주일의 시간

버뮤다팬츠, 슬로건 스웻셔츠, 심리스 크롭탑
항상 네 마음이 있을 거야

당신은 당신의 삶이 만드는 작품입니다
문학의 런웨이를 밟고 가는 너의 **뼈**는
왜 시가 되는 걸까

〈
티셔츠를 입기 위해 머리를 억지로 끼워 넣지 마
실을 뽑거나 가위로 자르면서 다른 길을 가
우리 뼛속에 우주가 들어 있다고 말하지
마법 같은 놀이터에서 백지상태 종이 앞에서
너의 내면을 들여다봐
그래, 타인을 인질로 잡지 말고

H&M 출입구는 많다
금빛 곱슬머리를 거울에 비춰보며
너는 사라지고 거울만 남겨 놓는다
거울은 부서져서 다이아몬드가 될 것이다

올리브나무는 저녁을 밀어내고

올리브 열매가 밤을 밀어냈어요
올리브 오일이 불을 밝히자 저녁이 사라졌어요
올리브라고 발음하자 올리브는 도망가고
동사만 남았어요
올리브를 압축시키자 오일이 뚝뚝 떨어지고
껍질만 뒹굴러요

올리브가 식초에 잠겨요
소금에 녹는
비누처럼 단단해지는
나는 올리브로 나를 문질러 봐요
나의 붉은 상처에 올리브를 올려놓고
딱지가 질 때까지 기다려요

올리브는 원형 극장에서 일몰을 거두었어요
불을 밝혔어요
올리브는 메시아,
기름 부은 자,
죽음을 몰아낸 자
〈

올리브 향은 바람에 날려가요
입술을 스치며 손가락 사이로
향긋한 어둠이 낮게 가라앉아요

올리브가 새벽을 몰고 와요
어머니가 저녁을 밀어내고 밤을 밝혀요
껍질만 남은 어머니가 새벽을 열고
앵두나무에 기름을 부어요
나는 앵두나무 껍질로 상처를 문질러봐요

울음과 통증을 밀어낸 메시아
단단해진 손으로 얼굴을 만지는
올리브 오일로 불을 밝히는
동사로 남은 어머니

잉크

잉크는 흐른다
손톱으로, 팔꿈치로, 어깨로
먹물처럼 번지고 주사액처럼 혈관을 타고 들어간다

내가 쓴 시는 잉크가 기억해 낸 것
잉크가 기록한 시는 나의 몸에서 나온 것

흐른다, 밤에
잉크의 S석과 손가락의 N자석이 끌어당긴다
글을 쓸 수 없는 날은 잉크와 손가락이 서로 밀어내는 날
순환하는 혈관으로 잉크도 같이 피가 돈다
밤이면 이슬비처럼 내리는 푸른 액체의 기억력으로
크로노스는 수많은 파지를 집어삼킨다

달리는 잉크, 샘솟는 잉크, 엎질러진 잉크, 번진 잉크, 물이 되고 싶은 잉크,
플라톤이 되고 싶은 잉크는 글자 밖으로 나온다
프로이트가 되고 싶은 잉크는 글자 속으로 숨는다
〈

말을 하고 싶은 잉크, 행동하고 싶은 잉크
그래서 멀리까지 점을 찍고 튄다
중세를 책상 위에 앉혀놓고
뚜껑이 열릴 때까지 발설하지 않는다
방안에서 이루어지던 역사를, 음모를,
흐르는 쪽빛 물에 깃털을 담그고
이야기를 시작한다

내가 흘린 눈물 속에는 잉크가 섞여 있다
놀라는 사람 앞에서
잉크는 쇄골을 보여주며 난초잎으로 흐른다

강아지 찾기

추수감사절 테이블 앞에서 두 손 모으고 있다
왕과 공주 옆에서 시르코트를 입은 소녀의 치맛자락 사이에서
반짝이는 코를 바닥에 대고 쭈그리고 앉아 있다

길거리에도 우산 속에도 가로등 밑에서도
안개 속을 걸어가는 바닥과 가장 가까운 경계의 숨소리
붉은 양탄자 위에 턱을 괴고 엎드려 졸고 있는 저녁

사람을 너무 잘 믿는 눈동자가 아련해

타일 위에도 소파 옆에도 궁전의 무거운 이중문 뒤에도
한 평 평수면 생애를 맡겨도 되는 공간이 믿음인 것처럼

눈발 속에서 달렸던가, 삼나무 숲에서 아기를 찾고 있었던가
헤드라이트 불빛 스펙트럼 속에서 파도처럼 출렁이는 털의 질감

가끔 까치를 올려다보며 종종 달려가 보는 정원

빙판 위를 미끄러져 가는, 스케이트처럼, 썰매처럼
꼬리 달린 눈송이가 되어 굴러가는 하루

장티유역 가로등 아래서 기다리고 있는 것은
주인인가 애인인가 친구인가
풍차 돌아가는 호수에서, 방앗간 앞에서
구름신발을 신고 바람처럼 이동하는 벨벳 발바닥

죽음 옆에서도 게으르게 한 세계를 건너가고 있는
들라크루아의 래브라도 칼리
언제나 그림자를 밟고 있는 네 발과 가슴

고향에 같이 내려가고 있다

고래를 찾아서

새벽 네 시, 일렬종대로 출항하는 어선의 행렬은
통금이 풀린 전철이 철교를 통과하는 형상이다
칸칸이 불을 밝히고 미끄러져 나가는 고기잡이배는
요철도 없이 무빙워크로 직진한다

잠이 덜 깬 통영 앞바다를
유람선보다 먼저 깨우는 것은
집어등 줄줄이 매달고 가는
이십 년 넘은 선주의 페인트 벗겨진 어선이다
끊어진 그물을 깁는 것도
끊어진 지난밤 꿈을 이어주는 것도
밤새 뒤척이던 하얀 바다다

생애를 바다에서 보내고 떠나간 사람들,
해양 달력이 동그라미와 가위표를 그리며
사계절의 안부를 묻는다

머리와 꼬리로 상하향 등을 켜는 고래
해저 일만 미터에서 전해오는 캄브리아기의 전설이
잔잔한 수면 위에 물보라를 세우는 순간

십 초 동안 파도가 짓는 건물을 보려고
바다는 평정을 찾고
남해 바다 먼 해상, 이라고
일기 예보자는 바다를 세 번 힘주어 말한다

일출은 바다 끝에서 오고
만선의 충무호는 태양 아래 정박하여 꿈을 꾸는 한낮
새벽 네 시에 시작한 하루가 길게 눕는다
점심을 준비하는 햇살이 아직도
바다, 아, 소리 여운을 남기고
아침의 각도를 유지하고 있다

벨파스트

 우산을 놓고 왔다. 비가 내리기 시작했을 때 잊고 온 우산이 생각났다. 바닷속에 있다면 우산이 필요할까. 빵을 놓고 온 적이 있다. 커피를 내리고 접시를 꺼냈을 때 빵집에서 준 영수증만 챙겼다는 것을 알았다.

 어떤 기억은 흑백으로 남아 있고 어떤 과거는 만 가지 색으로 떠올라 아플 때가 있다. 타이타닉은 흑백으로 둥둥 항해 중, 육지 위에 떠서 햇살 받으며 고였던 바닷물을 털어낸다. 사실을 보여주는 것은 유리창의 간결한 설명으로 투명해진다.

 나는 멈춰 있는 아홉 살을 밀어낸다. 내가 가지고 있는 화폐는 사용할 수 없고 그날 언덕에서 흔들리던 트리폴리움은 희귀종이 되어가고 있다. 북서쪽으로 갈수록 안개의 속도는 빨라진다. 연기 속에 있다면 탕탕, 가로막고 서 있는 남동쪽의 벽을 칠 수 있을까.

 홍수가 나고 감자밭이 쓸려가던 해, 프로펠러 소리 반가운 헬리콥터에 실려 떠났다면, 미래를 함께 짊어진 구조 그물에 매달리어 갔다면. 하늘의 소리는 그물망이

커서 빠져나가는 것이 보이지 않지.

 남겨진 것과 떠나는 것, 놓고 오는 것과 버려진 것은 삼백 년 동안 생각나는 것이다. 먼지 앉은 태양과 바람을 하루 일정에 배치하며 시간이 폭포처럼 떨어진다고 발을 구른다.

 나의 키가 가장 컸을 때는 아버지 어깨 위에서 무등을 탔을 때, 그 후로 해안가의 그림자는 점점 짧아지고 곡선은 깎이면서 늙어간다. 탕탕, 소리와 잿빛 연기는 몸속에 저장된 자동회로, 입술이 떨리는 기억은 멀리 가도 월요일처럼 돌아온다.

슬픔의 도구

감자처럼 떠나왔지 우리는

슬픔의 도구가 있다는 것을 알았지

적재함 안에서
상자 안에서
눈물을 키우고 독을 피우는 그늘의 조건

당신은 올 수 없고 나는 갈 수 없는
오직 햇빛이 그어놓은 유리 국경을
겨울비가 몰려와 붉은 일요일의 무게로 짓눌렀지

시청 앞 광장 시계는 언제나 열 시 십 분,
시침과 분침의 포즈로 웃어보라고
멈춰 있는 총성 후의 고요는 기호처럼 턱을 괴고
어제와 내일의 안부를 알려줬지

흑백 골목이 끝나고 언덕이 사라지면 시작하는 해안
흙 묻은 목장갑을 끼고 도착한 엉겅퀴 가시들
〈

짓무른 껍질과 잘린 싹을 감싸고 있는 신문지를 펼
치며
　　벨파스트의 변색된 뉴스를 골라내었지
　　오래된 사건에서 침전물이 된 비밀을
　　건기 속 감자가 뚫고 나오는 울음을

　　당신은 그걸 나에게 보냈지

　　적재함 바닥에서 조약돌이 되었을까
　　수명이 긴 시계는 시간의 싹을 틔우며
　　열 시 십 분의 광장을 지키고 있지

나는 영등포역에 있었다

 영등포역에서 내렸다. 영등포구청역에서 내릴 수도 있었다. 너는 영등포시장역에서 내렸다고 했다. 우리는 같은 장소에 있는 것 같았는데 구청과 시장은 현재와 미래처럼 멀리 있었다. 한 정류장만 가면 되는 거리여서 우리는 같은 곳에 서 있다고 믿었다. 역사와 구청사는 과거와 미래로 나누어져 있는 듯 역방향으로 달렸다.
 나는 구청을 생각했고 너는 시장을 향해 돌아서 갔다. 나의 현재는 지하 역사에 있었고 너의 현재는 시장 한가운데 과일 가게에서 향기 없이 익어가고 있었다. 만날 수 없다는 것은 생각할 수 없는 일, 생각조차 하고 싶지 않은 가정, 내가 놓친 것은 영등포 시장이었고 네가 지나친 곳은 영등포역이었다. 영등포구청은 다섯 시에 문을 닫았고 영등포역은 스물네 시간 열려 있었다. 우리는 만날 수 없는 것이었을까.

호루라기를 불었다

그는 단상 위에서 호루라기를 불었다
길게, 크게
우리는 차렷 자세로 45도 각도의 하늘을 봤다

그는 단상에서 내려와 플라스틱 하얀 호루라기를 불었다
짧게 세 번,
우리는 헤쳐 모였다가 신발이 벗겨졌다

그가 은빛 호루라기를 불었다
햇빛은 쨍쨍, 모래알은 반짝
우리는 그를 따라가며 왼발, 오른발
끈이 조인 운동화를 신고 발걸음을 맞추었다

그가 침이 가득한 호루라기를 불었다
우리는 앞사람을 보며 웃음을 터뜨렸다
가마가 두 개인 사람이 가마가 두 개인 아이를 안고 있었다

그에게서 호루라기 소리가 들렸다

기운 없는 그 남자가 버스정류장으로 가버렸다
바람은 갈라지면서 여러 개의 그림자를 뿌렸다

그가 확성기 같은 빨간 호루라기를 불었다
동물원의 얼룩말이 뛰쳐나왔다
골목은 신기루를 날리며 오후의 먼지를 싣고 달렸다

호루라기는 놀라다가, 웃다가, 울기도 했다
우리는 열중쉬어를 하고 편히쉬어를 하고
제자리걸음을 했다
호루라기 소리는 머리카락으로 들어와
귓속에서 갈라졌다
입술이 말라갔다
호루라기는 아버지보다 엄마보다
목소리가 컸다
호루라기의 근육은 푸르고 깊어서
나는 호루라기가 되기로 했다

비밀이 들어간 말의 입구는 잠겨지지 않았다
숙성된 이야기는 습도도 알맞았다

〈
차렷 자세가 아닌 웅크린 등으로
누군가에게 말하고 싶었다, 몰래
비밀이라고 털어놓으며 비밀을 지켜달라고 비밀을 불었다

우리는 서로 귀에 대고 호루라기를 불었다
작게, 조용하게, 가늘게
호루라기의 명령 아래서 지켜온 문서를 펼치려고 했다

태양이 호루라기 소리를 내며 휙 지나갔다

살아 남겨진 사람들

　키오스크가 작동하지 않는 극장 매표소에서 표를 구매한다. 직원에게 '살아남은 자'를 보겠다고 하니 '살아남은 사람들'이라고 정정해 준다. 감독 버르너바시 토트는 어떤 단어에 시선을 두었을까. 사람과 자者의 차이는 윤리적이고 도덕적인 데 있나. 능동적이고 수동적인 데 있나. 노출과 감춤에 있나. 드러남과 드러냄의 빛의 각도에 있나.

　나는 살아남은 자들에게 브레히트처럼 더 무거운 기록을 남긴다. 나도 살아남은 자다. 살아남은 자는 무언가 미안한 자세를 취한다. 고개를 숙여야 할 것 같고 도망자의 범주에서 기회를 보는 현실적인 인물로 둥둥 떠오른다. 살아남은 사람들은 사건 이후 어떻게 살아가고 있는지 궁금한 대상이다. 교훈을 줄 것이고 그들의 역경을 경험담으로 풀어낼 것이다. 초록 담장 아래서 차를 마시며 담소하는 풍경을 보여줄 것이다.

　모두 살아서 남겨진 사람들, 죽은 사람들이 남겨 놓은 자者들, 그림자 뒤의 그림자를 덮으며 남아 있는 햇살의 찰랑거림을 만져보는 사람들, 나도 살아남은 사람들 쪽으로 건너가기 위해 오래도록 제목을 되뇌인다. 살아남은 사람들은 현재 진행형으로 과거의 영화를 들여다본다.

3부

수레국화 방향으로 기울던 밤의 외출

해바라기 감정

콘크리트는 부서지기 위해 혼합된 슬픈 구성물
단단하지도 않고
구체적이지도 않다

빨래가 걸려 있던 3층 건물 벽
어깨를 베이고
허리를 잘리고
불붙은 탱크 바퀴에 맞물려 있는 나뭇가지
들판까지 튀어 활활 타오르다가 주저앉는다

암회색 공기 방울이 터지는 순간
서쪽 하늘로 번져가는 바람의 기표들

결국 우리는 허공에서 살아온 거다
위층은 허상
아래층은 모래성
드네프르강 속으로 잔해는 스며들고

햇빛이 꽃의 역할을 하는 잿더미 거리에서
누군가의 속옷에 장식으로 붙어 있던

파란 레이스 줄기들, 짧은 울음 흔적 남기고
부서지고 녹아내리고 방향을 잃는다
리본은 깨진 폭탄의 매듭을 감으며
해바라기밭으로 끌려간다

수예품을 만들던 키이우 여자가
헨젤과 그레텔처럼 폐허의 전장에
하얀 에이프런을 뿌리고 떠났단다
다시 돌아오리라고

폭발음보다 먼저 분해되어
해바라기 들판 가득
죽은 꽃잎의 이름을 덮는,
시멘트는 먼저 견디려고 가슴을 내미는 전위부대

일요일부터 금요일까지
새는 다른 허공으로 날아갔다
반짝이는 날들을 부리에 물고
둥지로 돌아가지 못한 새벽의 빈곤
엄마, 난 초콜릿을 오래 먹을 수 있어

볼 안쪽에 붙여뒀거든

먼 곳에서 공중을 깨뜨리는 빛의 신호가 들려오면
머리 없는 말들이 토막으로 소리를 던진다
노래였던 가사들, 불리지 못하는 변경에서

가변 풍경

먹으로 쓴 저녁 그림자가 따라오고 있었다
료칸을 통과한 터널이 소실점을 보이며
언덕길 내리막으로 펼쳐질 때
에치코 유자와는 과일 이름처럼 가로수를 밝혔다

아스팔트 바닥에 날개 찢긴 한 마리 새의 사체
붉은빛으로 하늘을 향하고
어깨 굽은 묶음머리 여자가 검은 곡식을 뿌리며
일본말로 주술을 외우고 있었다

온천이 있는 마을을 걸어가는 시간
그 새는 어디로 날아가는 중이었을까
하늘은 남쪽에도 서쪽에도 그물투성이

공원과 버스정류장에서
소설가 이름은 오래 살고 있는데
작은 새 소리는 짧게
이차선 도로를 건너가지 못했다
〈

여름에도 가을에도 설국 입구는 수증기로 가득 차 있었다

페르시아어 수업*

단어를 잃어버렸다
그래서 다시 시작할 수 있었다
모든 시작은 부재에서 태어나니까

후회, 미안, 결별, 각질 같은 상징을
뼈가 없는 유래를 수면 밑으로 가라앉혔다

  채색되지 않은 사물에게 다른 이름을 붙여주고 열 번을 발음해 봤다. 미클로니, 타미하나, 바이나추추, 나바로이나는 꽃으로 나무로 구름으로 피어나고 나보다 빠른 속도로 소리를 냈다. 나는 지구에 살지 않았던 문자들을 연결하며 혼자 유창하게 문장을 주고받았다.

  페르시아에 가지 않아도 된다
  사전에 없는 말로 중얼거리면 나는 다른 사람이 되어 있을 거야
  혼자 역할극을 하던 자작나무 숲에 도시국가를 세우고
  폐허와 슬픔에게 형이상학과 불안에게 낯선 이름을 줄 거니까

〈
충돌했던 언어들은 다 지우고
부딪힐 것이 없는 햇살의 윤곽을 명명했다
나만 알아듣는 단어들이 시간을 건너며 눈을 뜨고 있었다

페르시아에 간다는 핑계를 대고
나는 미안하다, 후회한다, 헤어지자는 말을
동물의 울음소리로 꽃병에 꽂았다

선물 받은 꿈속 약속들을 잃어버리고
새로운 언어를 창문에 붙이며 식탁에 앉았다

* Persian Lessons.

타인의 방

넬리가 돌아왔다
성형수술을 마치고 얼굴에 붕대를 감고
십 년 전 집을 찾아왔다
부서진 광대뼈, 사라진 콧등
푸른 입술은 크라쿠프에 묻었다

나를 모르겠어요? 기억해 봐요. 내 글씨, 내 목소리, 내가 읽던 책, 반지를 끼워주었던 손가락, 그날 우리는 광장에 갔었죠. 잡은 손을 놓쳤어요. 구름을 따라가며 길을 찾았어요. 당신의 노크 소리가 들리지 않아 매일 문을 만들었지요.

무너진 식탁에 앉아 연주를 한다
넬리를 알아본다는 것은
서러운 일이 시작된다는 것
시간의 갈피에는 꽃잎을 끼워 넣을 수가 없어
가시가 되었지

내가 어디에 있었는지 알 수 있도록 아침마다 노래할 게요. 목욕할 때도 잠잘 때도 낯익은 음성으로 당신의 이름을 부를게요. 쇼팽은 누구나 아는 음악, 우리만 아는 피아노 소리, 푸른 후추나무 아래서를 연주할게요.

  넬리가 왔다
  그녀의 과거는 남은 것이 없고
  그 남자의 미래만 흘러온다

해바라기 감정 2

전광판의 열차 시간이 지워지고
개찰구 밖으로 짙은 안개가 지나갔다
돈바스역에서 출발한 기차는 오지 않았다

해바라기를 따라가던 햇살은 방향을 틀고
시멘트 가루 날리는 연기 속에서 지워지고
꽃을 보기 위해 들판을 지나야 만나게 되는 마지막 역
무덤이 있는 언덕에서 가막살나무는
붉은빛으로 피다가 멈추었다

시로 만든 노래를 부르고
부츠를 선물하고 떠난 사람
수염이 자라는 오후 다섯 시가 되어도 돌아오지 않던

멀리서 들려오던 총소리가
가까이서 들리다가 대지를 갈라놓고
빗속에서 잿물을 타고 흘렀다

꽃과 무기는 언제 음악이 되어 악보를 남길까
〈

햇빛이 놓고 간 풀밭에 누워
황금빛 흙을 얼굴에 부으며 그림을 그리던 시간들
기다리는 드니프로의 남자는 오지 않았고

뉴스를 보던 사람들은 하나둘 짐을 옮기기 시작했다
식탁에 앉아 빠져나가는 해바라기씨를 만져보며
무거운 눈꺼풀을 비볐다

탄천炭川

자동차 극장이 있던 자리
스토리는 사라지고 하얀 언덕
스크린만 혼자 남았네

어둠이 몰려와야 보이는 사물의 빛깔들
유리창 밖 빗소리를 안에서 듣고
떠나간 여름을 겨울에 듣네
자동차는 기억이 있어서 돌아왔지만
청둥오리 떼를 따라 빠져나간 시간들
무음으로 스크린 위에서 자막만 띄우네

불빛이 살아나고 홍수가 한바탕 지나가고
숯불 타는 냄새가 발톱을 물들이던 송신소 근처
발목 위에서 찰랑거리는 물의 높이
그 정도만 우리의 위험 수위는 남아 있네

천렵川獵을 하던 오월의 자리
모래를 태우던 버드나무는 사그라지고
베를린을 보여주었던 저녁의 캄캄한 국경,
경계선을 넘나들며 모호한 자세로

스크린의 기둥을 받치고 있네

숯을 굽던 동네,
석기시대가 옷을 벗고 야생을 향해 질주하던
수레국화 방향으로 기울던 밤의 외출

냄새의 기억은 단단한 나사를 조이며
물살을 놓아주지 않네
스토리는 스토리지에 간직되어 있고
탄천은 탄식도 없이
별이 내리는 밤을 모사하고 있네

라이너스의 담요

문밖을 나와 올려다본 이 층 베란다에서
손가락을 빨고 있는 눈물을 보았다
퉁퉁 부은 엄지손가락을 물고
분홍색 이불이
꼬리를 달고 기어갔다

시간은 때 묻은 기다림과 권태를 체크하고
귀가 시간에 이불 하나를 덧댄다
뚫어진 퀼팅 한 칸이 경계선을 넘어가고
젖은 솜은 꾸역꾸역 삐져나와
구름이 가는 곳을 따라간다

아이가 놓지 않는 꽃무늬 이불을 버리지 못하고
나는 많은 손가락을 외면했나 보다

이불을 끌고 다니는 구름의 시간이 궁금해서
나뭇잎은 물기를 머금고 줄기가 드러날 때까지
울음 대신 다른 이파리들을 달고 다녔나 보다

올려다보는 이 층은 왜 눈썹이 따가운지

기다려야만 하는 계단에 앉아
오래된 분유를 흩뿌리던 어린 이마의
베란다, 생애의 공간

엄지손가락과 치아가 부딪히는 날에는
비가 내렸다
등 뒤에 젖은 물살을 흘려보내며
항상 놓치는 것은
옆에서 흩날리는 잡히지 않는
푸른 창밖이었다

움직이는 침대

너의 숨소리가 빠져나갈 때
베개는 부풀어 오른다

나의 잠꼬대는 너의 어깨 위에서
나의 새벽 세 시는 네 발밑에서 기어 나온다
머리를 들면 바다가 보이고
다리를 올리면 하늘이 낮아지는

천장과 바닥 공기를 가로지르는 트윈베드 경계선

밤이면 서로 다른 높이에서 새가 잠드는 시간
각도를 틀 때마다 우리는 엇갈리는 비트로
꿈을 꾼다

나의 오른쪽은 너에겐 왼쪽

그냥 누우면 보이지 않는 발가락이 궁금해서
스위치를 누른다
굽어지는 만큼 뼈들은 안녕하다고
침대는 위-잉 위-잉 숨어 있는 몸을 데리고

굽힐 수 있는 곳까지 올라간다
정강이뼈도 날아오른다

나비 꿈을 꾸고 싶은 날은
무중력으로 침대를 타고 눕는다
너는 왼쪽으로 나는 오른쪽으로 머리를 둔다

사막의 방식

발을 구르며 두드려 보았지
둥둥 소리가 날 때까지
고개를 숙여 귀를 대고
바람이 기울어지는 방향을 따라갔지

우리의 여름이 묻혀 있는 모래 기둥
그늘 한 점 잡히지 않는 적막을
무릎으로 건너가던 태양은 구름을 얹어 놓았지

우린 너무 많은 행간을 얕은 곳에 숨겨놓고
깊은 문장만을 탐사했던 거야

모래는 모래 때문에 쓸려가는 것을 모르고
시간은 시간이 데리고 가는 것을 알았을까
오후 네 시가 깔리는 카펫을 믿었던 거야
창문이 없는 벌판이어서

기중기 소리가 들렸지
사막을 들어 올리는, 향수를 시추하는
아라비아인들이 모여 있었지

향수에는 왜 사막 이름을 붙이는지
모하비 고스트, 듄 45, 데저트 에덴,
나일강을 건너는 유령이 적색 사구를 따라 사라졌지

유리병 속 모래에 이름을 새기며 천 년을 사는 동안
낙타는 진갈색 소금으로 등을 채우고
비밀번호가 있어야 열리는 유리 캡슐로 들어갔어
허공을 두드리면 떨어지는 캄파눌라 이파리들

푹푹 빠지는 모래 산에서 검색할 수 없었던
파란 줄무늬 나비 한 쌍을 따라
잠이 들 때까지 걸어갔지

식당의 이유

우리는 식당에 가면 몇 가지 궁금한 것이 있지요
이 식당은 어떤 역사를 지녔지?
셰프는 어떤 사람이지?
별을 몇 개 받았지?
재료는 직송한 것인가?

4월의 미풍과 꽃향기는 음식에 섞여 날아옵니다
우리는 전채를 먹고 중심요리를 먹고
차가운 음식은 먼저, 따뜻한 음식은 그 뒤에
후식으로 대화를 마무리할 때까지
순서를 지키려고 집중합니다

그러나 먼 훗날,
음식은 생각나지 않습니다
식당의 역사도 셰프도 별의 개수도
그 음식이 한식이었는지 중식이었는지도
기억나지 않습니다

다만
앞에 앉아서 이야기를 나누던 푸른 셔츠의

그 사람만 생각납니다
손으로 입을 가리며 밥을 먹던
그 녹색 창가의 얼굴만 떠오릅니다

우리가 식당에 가는 이유입니다

나뭇잎 사이로 햇살

그림자와 그림자가 겹쳐지면 더 어두워지는가
너는 가로등 불빛 앞에서
나의 등을 안았다가 풀었다가 안았다

그림자 위에 그림자가 얹어질 때
우리의 우울과 우울이 맞닿을 때
그림자는 더 무거운 색으로 번지는가
강변을 달리던 눈발
고장 난 와이퍼 한쪽의 기억
빌딩과 보도블록이 무너지고
노래는 어제처럼 그림자보다 햇살을
가사는 현실보다 슬픔 쪽을 지향한다

나뭇잎 사이로 햇빛이 그날의 날씨를 풀어놓으면
눈을 가만히 감거나 찡그리거나
태양이 양보하고 있는 것이 눈썹 사이로 지나간다

나뭇잎들이 포개지고
가을과 겨울이 등을 맞대면
자외선은 우울을 피해 창문에 걸터앉는다

〈
양치를 하는 아침, 저녁
너의 월요일에서 토요일까지를 구성하면
우리의 하루는 더 진한 활자로 인쇄될까

그림자를 만들며 너는 가로등 앞에 서 있다
트럭 안에서 흐르는 낡은 재즈 연도는
너를 따라가며 춤출 것이다
눈물 고인 얼굴과 얼굴이 마주하면
슬픔은 더 큰소리로 흘러내리는가

그림자와 그림자가 겹쳐지면 더 진한 빛깔이 될까

플라스틱 파도

한때는
유리병 속에 편지를 담고 헤엄쳐온
은빛 파도가 있었다

햇살에 반사된 눈부신 글자들이 숨 가쁘게
바닷속에서 목을 내밀다가 숨다가
젖은 코르크 마개로 해안가에 도착한 적이 있었다

갈라파고스를 거쳐 태평양의 조류를 따라
도착한 플라스틱 더미들,
편지도 없고 소식도 들리지 않는
찌그러진 페트병과 스티로폼 해일을,
하얀 거품을 밀어내는 파도인 줄 알았다

대양을 날아가다가 화학섬유를 부리에 물고
새끼와 함께 침잠하는 칼집부리물떼새,
오늘도 목에 감긴 나일론 끈을 끊지 못하고
눈감은 채 상어를 따라가다가 고래에 휩쓸린다

바다에도 길이 있는데

몽돌 부딪히는 소리 차르륵 차르륵 귀를 감고 돌아가고
해안가에서 둘이 걷던 발자국 아직 남아 있는데
애기바다쇠오리는 어디에 멈추어 있는 건가
쇠바다제비는 기름통에 머리를 박고 어느 길로 떠난 건가

어제는 먼바다에서 진공청소기가 나오고
빨랫줄이 고래수염과 뒤엉켜 부유하고
볼펜이 휩쓸려오고 세제통이 건너왔다

플라스틱 파도가 모여 태평양 한가운데 섬이 되었다
아무도 살지 않는 그 섬에서 띄우는 페트병에는
편지 대신 광고가 들어 있다
지구의 상표를 달고 육지로 다시 돌아오는

슈투트가르트

한국의 발레리나가 살았던 도시에서
나는 겹질린 풍경과 함께
중세의 보도블록 돌부리를 차고 튀어 올랐다가
발롱!
정면으로 넘어졌지요

지하철을 타려고 승강장 근처에서 부상당한 다리를 끌고 뒤뚱거리며 발걸음을 낮출 때 옆으로 다가와 팔짱을 낄 수 있도록 둥근 팔의 터널을 만들어준 슈투트가르트의 소년, 그 친절을 따라가야 했나 봐요

불량소년 아냐?
소매치기 아냐?
다른 의도가 있는 것 아냐?

순간 그의 머리부터 신발까지 훑어보았을 때 아디다스 줄무늬는 왜 스와스티카로 헛보였는지 나는 외면하고 더 빨리 걸으려다가 휘청, 그 소년이 내밀어준 팔을 잡지 못하고 쏘아 봤지요
〈

그는 스포츠 가방에서 무언가를 꺼내 건네어주는 겁니다
 민트 향이 나는 파스,

 중세의 보도블록 위로 울퉁불퉁 신발이 흔들리고
 지하철은 언제나 평평한 지면에서 속도를 냈지요

도시의 주름들

어쩌면 나는 뒤돌아보는 습관 때문에 매일 음악과 기계음이 울리는 하데스를 찾아 지하로 잠입하는 것일까요.

태풍 종다리가 오고 비가 내리는 아침 나는 우산이 없어도 열네 개의 정류장을 지나 십삼 층 사무실에 안전하게 도착합니다. 눈이 오는 날에도 우산은 두고 출퇴근합니다. 아니 우산은 필요가 없는 거지요.

시청역에서 잠실까지 지하 지붕을 이고 달렸지요. 빗소리 들리지 않는 장마철에 그 빗방울은 다 어디로 흘러가는지. 경비원은 비를 맞지 않았느냐고 자주 물어보죠.

지하를 수평으로 부유하는 동굴 속 후예들, 지하에서 꽃을 사고 연인을 기다리고 지하에서 안경을 맞추고 커피를 마시고 지하에서 밥을 먹고 머리를 자르고 삐익 소리가 나는 개찰구를 통과하며 신원을 확인합니다. 설치류의 이빨을 갖고 구석구석을 찾아다니며 먹이를 해결합니다. 햇볕이 드는 창가에서는 졸음이 몰려옵니다.

⟨

우산은 쌓여가고 오늘의 날씨는 어디에 가서 들을 수 있을까요. 꽃의 서식지를 찾아 물고기의 안식처를 기억하며 지하에서 지하로 건너가는 벙커의 나날.

나는 또 지하로 잠입하는 밤의 눈꺼풀입니다.

속수무책

내가 오래도록 읽어온 책이 있습니다

읽어도 읽어도 깨닫지 못하고 당도한
책꽂이에 꽂을 수 없는 장서

흔들의자에 앉아 계속 망설이지만
아무 데도 가지 못하고
걱정만 합니다

균형을 잃고 무너지면서
또 결심을 하고 태어납니다

손에 잡히지 않는 말씀을 잡았다 놓았다
엎질러진 기억 속에서 검은 그림자를 잡는

나는 그 책을 계속 읽는 습관이 있습니다
후회하고 깨닫고 다시 읽어보고
접힌 책갈피 속에서 매일 다시 시작합니다

언제나 앞서가는 발뒤꿈치 뒤에서

발가락은 무한의 책장을 넘기지 못하고
속수무책은 두꺼운 페이지로
남은 시간을 알려주지 않습니다

내가 꽂아놓은 보이지 않는 장서는 책장에서
더 두꺼워지고 산사태가 난 것처럼
머리 위로 쏟아집니다

일기예보

날씨가 좋을 때 약속하지 말고
날씨가 나쁠 때 결심하지 말자

오늘은 전국 대부분 지역에서 겨울비가 내리겠습니다. 강원 영동에는 아침까지 시간당 20~30mm의 강한 비가 내리는 곳도 있겠습니다. 그동안 날이 추웠지만 내일 낮부터는 더 강한 북극 한기가 밀려오겠습니다.

현재 서울은 눈이 모두 그친 상태지만 특히 서해안을 중심으로 시간당 1~3cm의 다소 강한 눈이 집중되고 있어 주의가 필요합니다. 내일까지 호남 서해안과 제주 산지에 최대 30cm 이상의 폭설이 예상되고 충남 남부 서해안과 전남 북서부 많은 곳에서 20cm가 넘는 큰 눈이 오겠습니다.

교통안전에도 유의해주셔야겠습니다. 경기와 강원도를 중심으로 한파특보가 발령 중인 가운데, 현재 서울 기온 영하 6.5도, 춘천 영하 6도, 대전은 영하 4.1도를 나타내고 있고요, 낮 동안에도 예년 기온을 크게 밑돌면서 춥겠습니다.

〈
　우리가 했던 약속은 모두 날씨가 좋았던 날들이었다
　우리가 했던 결심은 대부분 날씨가 춥거나 더운 날들이었다

꿀벌의 말을 듣지 못했다

 벌들이 사라졌다. 할아버지와 함께 살아온 꿀벌이, 말벌이, 여왕벌이, 일벌이 돌아오지 않았다. 산벚꽃이 피는 사월, 벌집은 오지 않는 꿀벌을 기다리며 빈집에 꽃의 노래만 가득 채웠다. 웽 웽 웽, 날갯짓으로 바람을 보내고 공기를 흘려보내고 소식을 보낸 뜨거운 봄과 여름.

 우리가 꿀벌의 언어를 이해하지 못해서였을까, 휴대전화의 전자파가 꿀벌이 집을 지을 수 없게 했을까. 과일도 채소도 곡물도 벌의 수분 없이는 살 수 없는데 빈집만 놔두고 사라졌다.

 '벌이 없다는 것은 꽃이 죽어간다는 것이죠. 꽃가루도 프로폴리스도 클로버도 알팔파도 다 멸종되는 것이죠. 할머니가 비상시에 꺼내주시던 꿀벌의 신비를 어떻게 잊을 수 있겠어요.'

 먹이 사막이 된 농토, 우리는 농토를 없애고 살충제와 소독약과 살균제로 식물을 잃어버렸다. 아몬드 나무를 키워야 하는데, 단백질을 벌에게 먹여야 하는 건데,

벌들이 날아다니는 공중 정원을 만들어야 하는데, 벌의 말을 듣지 못했다.

 우리가 아프면 벌들도 아프고 우리가 눈길을 주지 않으면 벌들도 집을 떠났다. 우리가 개화 식물을 키우면 벌들의 소식이 들려왔다. 꽃이 있다는 것은 수분을 하는 벌들이 있다는 것을.

 꽃에게도 토마토에게도 사과나무에게도 간지러움을 태우며 햇빛 아래서 흔들려보는 것이었다.

4부

슬픔은 오래도록 아프리카 숲속을 물들이다가

문경

수밀도를 들고 아버지가 기다리고 계셨다
그 계곡 이름이 생각나지 않아 다시 갔었다
엄마는 아버지의 복숭아 봉지를 나눠 들고
물소리처럼 멀어지는 목소리로 우리를 불렀다
물장구를 치던 구름이 새재를 넘고
삼대三代는 그날 아버지의 노래가 되었다
흘러가는 계곡물에 복숭아를 씻으며
껍질째 베어 물었다
다리를 담근 첨벙거리는 물 사이로
복숭아털이 물고기처럼 꼬리를 흔들며
헤엄쳐 갔다
시외버스를 타고 새재를 넘어 피서를 갔던
우리의 여름이 있었다

의자의 엔트로피 2

누운 자세와 직립 자세의 중간쯤
허리가 허용하는 높이에 꽃병을 놓는다

얼굴은 허공에 발바닥은 땅에
엉덩이는 우주를 받치고 앉아
책을 읽는다
역사를 서술한다
영화를 본다

긴 의자에 앉아 내 몸은 곡선이 되어가고
안락의자에 앉아 흔들리는 창밖을 본다
헤드폰을 쓴 석기시대 남자가 어깨를 편다

의자에서 쓸쓸했고
의자에서 분노했고
의자에서 화해했다
그리고 의자에서 실직했다

엎드린 자세와 서 있는 자세의 중간쯤
아르네야콥센 의자에 앉아

관념적으로 변해간다

의자에서 질문하고
의자에서 명령하고
의자에서 밤을 새우고
의자에서 죄의식을 느끼고
의자에서 일어설 준비를 한다

일어나기 위해 앉는다

Writer's Block 3

프랑크푸르트 공항에 도착했을 때
나는 현기증이 났다
스튜어디스는 나에게 오지 않았다
어디가 불편한지 묻는 사람도 없었다

이 세상에 시인은 나 하나밖에 없다는 생각으로 사세요
윤리 선생인 후배가 침잠의 세계에서 외치던 말이
비틀스의 노래와 함께 활주로를 향해 날아갔다

기억을 지우려고 간 장소에서
기억은 다시 조각을 맞추고
박물관이 허공에 묻은 미래를 끌어내어
도시에 정원을 만들고 있었다

나는 얼룩말의 무늬를 입고 도시를 기웃거렸다
동물원을 탈출한 기록이 있는 코끼리, 곰, 늑대, 퓨마
천호대로와 어린이공원 근처를 질주하던 슬픈 에쿠스가 되어

프랑크푸르트 공항에 착륙했을 때

나는 다시 첫 문장을 쓰려고 타이레놀을 챙겼던 것이다
가본 적 없는 중세를 찾아
글을 쓸 수 없는 이유 오십 가지를 나열하면서

시계 방향으로 혹은 시계 반대 방향으로
흔들의자를 눕혀봤다
의자는 계속 움직였지만 아무 데도 가지 못했다
제자리에서 발만 구르고 있었다

* 상실의 시대를 패스티쉬 함.

눈雪

하얀 기표와 기의들이 쏟아진다

눈,
스노우,
유키,
네주,
슈네,
쉬에,
네베,
네비,
나이브,
루미,
스뇌,
시네그,
스네,
스네그,
히오니,
스니흐,
호,
탈즈,

살즈,
바르프,
아푸

언제나 하늘의 기밀을 발설하는
천사들의 완승
악마는 손을 털고 하얀 타월을 던진다

왜

왜?
라고 질문하는 얼굴은 오직 인간뿐
건너편이 궁금해서
뒤편이 알 수 없어서
과거가 보이지 않아서

봄이 오자
'왜'라는 꽃이 피어났다
왜를 따라 차례로 줄을 서는 의문의 꽃잎들

벌초하러 간 산소에서
수많은 물음이 봉분 위로 솟았다
왜 나는 그때 서른 살밖에 안 되었을까
엄마는 왜 '왜'만 남기고 잠들었는지

보이지 않는 것들이
지나간 것을 보여주고 있었다
왜? 질문하고 싶었는데
풀 속에서 움츠리고 있는 '왜'는 뿌리를 보이지 않았다

왜 나는 부끄러운 것인지
'왜'는 왜 후회 뒤에 오는지
두 번 절하고 일어서는 등 뒤에서
변명할 수 있는 이유들이 나타났다

살아서 쫓아다니는 죄를 닮은 언어
왜, 그랬을까
나는 그렇게 하지 않으리라 다짐하는
물음표

옥상

혼자 갑니다
바람이 있는 곳으로 몰래 올라갑니다

오 분 후에 두 사람이 됩니다
방을 찾지 못한 사람들이 약속한 듯 등을 세우고
탁자를 찾지 못한 세 사람이 손바닥을 받치고
십 분 후에 다섯 사람이 됩니다
담배를 피우며
먼 지평선을 바라봅니다

누군가 뒤에서 내 모습을 장악하고 있습니다
혼자 있고 싶은데 혼자가 될 수 없는
입김을 불 수 없는 유리창,
사람들이 자꾸 유리문을 만들고 비밀을 쌓고 있습니다

엘리베이터를 타고 올라온 종이컵이
먼지바람을 싣고 그림자 루머를 따라갑니다
시든 꽃잎을 싣고 다른 건물로 갑니다
출발선에서 시작한 비밀의 끝이 보이지 않고
〈

어제는 아무 일도 없었습니다
그저께는 아무 일도 일어나지 않았습니다

올라가는 이유와 바람이 불어줘야 하는 까닭을
우리의 뒷모습은 다 알아챕니다
환기통에서 출렁이는 구름의 신기루

혼자가 되려고 다시 내려갑니다
오 분 후에 두 사람이 사라지고
익명의 다섯 사람이 계단 쪽으로 향합니다

담배 연기는 아직 몰래 남아
허공에 흔적을 새깁니다

시간의 뒤편

기차는 언제나 방금 전 출발이었다

투명하게 닫힌 안전 문 유리에 나를 비춰보며
방금 전 떠나간 시간의 배경을 읽는다

햇살 아래서 오 분만
빗줄기 속에서 한나절만 먼저
그렇게 내가 너를 살아내었다면

삼척 시멘트가 지나가고 태백 화물이 따라가는
덜컥거리는 겨울 가을이 봄을 찾아간다

나는 늘 먼 곳에 내 기억을 놓고 와버리고
잠깐 기다리라는 황색 선 앞에서 멈칫거린다
철로보다 긴 생애가 다시 길을 만드는
우주의 한 정거장
원근법으로 달려오는 지상의 풍경들 앞에서

방금 전 출발보다
가끔 기차는 '연착'이어도 좋았다

포트메리온이 있는 후식

 밥을 다 먹고 그릇의 바닥이 보였을 때 파란 나비가 날아온다면, 릴리꽃이 디저트로 컵 속에 피어 있다면 나는 식후 삼십 분의 시간을 경배하겠네. 몸은 따뜻해지고 무거운 숟가락은 내려놓고 비로소 창밖 풍경이 보이기 시작했을 때 커피를 마시기 전 혹은 얼 그레이 티를 마시기 전 식탁 위에서 히비스커스 정원을 만날 수 있네. 아이비 울타리 안에서 꽃을 피우고 식물은 그릇 밖으로 넘어갈 수 있는 거리에서 개화를 멈추고 있네. 아젤리아, 라일락, 백일홍, 해바라기, 수국, 스위트 피, 그때도 폭풍의 언덕에 피어 있었을까. 제인 에어가 달려가던 드레스에 붙어 있던 수염패랭이꽃, 테스가 기대어 울던 황실 장미, 저녁밥을 다 먹고 그릇의 바닥이 드러났을 때 햇빛을 따라 제비꽃이 피어 있다면, 뿌리를 달고 튤립이 부풀어 오르고 있다면, 포트메리온이 보여주는 디저트의 시간을 수증기가 피어오르는 부엌에서 아침까지 기다리겠네. 고개를 숙이고 밥과 나물과 국물이 주고 간 여백에 나타나는 식물 정원을 경배하네.

수색

경찰관 세 명이
경찰견과 함께 빠른 걸음으로
여름 호숫가를 향해 돌진한다
긴 목줄을 잡고

죽은 냄새도 발견하고
살아서 외치는 소리도 들리는 곳

냄새를 수색하는 경찰관과
셰퍼드와 그 뒤의 나

보이지 않는 과거를 향해
들리지 않는 현재의 숨소리를 찾아
속도를 높인다
개줄이 냄새를
풀었다 당겼다
물속의 물체를 더듬는다

경찰은 파문이 지워질까 봐
셰퍼드의 등을 쓰다듬는다

〈
기억이 붙잡고 있는 냄새의 유효기간
그 냄새의 주인을 찾아 귀를 곤추세우고
한 사람의 몸을 움켜잡고 있다

나는 그 뒤를 바싹 쫓아갔다
특종을 잡으려는 여름의 습도가 뒤따라왔다

손을 놓치다

트렁크도 없이
백팩도 벗어버리고
수송기 다리 하나를 부여잡았다

맨몸을 싣고 가는 허공 아래 굉음
하늘을 향해 손을 뻗치고
비행기가 이륙하는 십 초 동안
지상의 바람은 사과 하나를 떨어뜨리듯
스무 해를 살아온 한 남자를
활주로에 떨어뜨리고 사라져 갔다

낙하산도 없이
열기구도 안 타고
여권은 모래 속에 파묻혔다
땀으로 가득 찬 주머니에서
검은 비가 내렸다
카불의 양떼구름은 산산조각
붉은 쇳가루를 뿌리고

손을 놓친다는 말,

가장 빠른, 가장 짧은 거리의 시간

국경만 넘으면
이웃 나라에 착륙만 하면
팔 힘을 풀고 다시 되돌려 감기로
랜딩기어를 놓아 주려고 했는데

인터미션 십오 분이 지나고
둥, 징이 울리는데
불이 켜지지 않는 활주로

정전된 암흑이 부르카 속에서
놓친 손을 찾고 있었다

오늘, 단풍

만산홍엽,
내장산 입구에서
취재 나온 방송기자가 인터뷰를 한다

오늘 기분이 어떠세요?
네~ 삼십 대로 돌아간 것 같아요

여자는 나이를 반으로 접고
붉은 입술 속 치아를 활짝 편다

삼십 대는 얼마나 푸르게 타오르다가 잠들었을까

단풍나무 뒤로 삼십 년을 기다리는 가을이 또 오고 있다

얼룩말, 초현실주의

　얼룩말, 흑과 백의 곡선은 크로마키에서 뽑아낸 것처럼 선명하게 물결친다. 갇혀 있던 엉덩이의 근육은 튕겨져 나갈 듯 도시의 골목을 누비며 달려간다. 자동차 사이를 바퀴 없이 속력을 내며 질주하는 배경은 동물원이 아니라 아파트 빌딩, 유리창에 반사되는 얼룩말의 가슴이 입체적인 굴곡을 남기며 사라진다. 자동차 열기는 신기루처럼 햇빛의 프리즘을 분산시키고 얼룩말은 길을 만들며 경쾌하게 달리다가 배회한다. 자동차 헤드라이트 앞에서 눈을 마주치고 잠시 바라보다가 뒤돌아서 걷는데 또 막다른 골목, 흑백 얼룩무늬 두 줄이 횡단보도 앞을 통과한다.

　나의 엄마는 어디에 있는가, 나의 짝은 어디에, 나의 헤테로토피아는 어디에 있는가. 동물원을 뛰쳐나온 네 다리의 힘줄이 따가닥 따가닥 기억의 시간을 찾아간다. 오후 두 시의 탈출은 짧은 갈기만큼 짧게 끝난다. 돌아가야 하나, 탈출한 우리를 다시 들어가야 하나. 눈물 글썽이는 오후의 신호등이 붉게, 푸르게 깜박인다. 슬픔은 오래도록 아프리카 숲속을 물들이다가 돌아오겠지. 울고 있는 얼룩말의 눈썹은 화-잉 소리도 없이 공룡보다 깊은 침묵을 남기고 인류세를 지나간다.

파로호破盧湖 감성

하늘빛을 닮은 물결은
아침에는 남쪽에서 북쪽으로 주름을 잡다가
바람 부는 날은 북쪽에서 남쪽으로 파문을 일으킨다

찌르레기가 울고 간 산등성이로
봄이 왔다 가고 가을이 또 넘어온다
총성 소리와 화약 냄새를 기억하는 구름의 무늬들
동네 안에서 낮잠을 자다가 꿈을 꾸는 중이다

호수는 깊숙한 쪽빛 속에 탄피를 모으고
아군의 함성을 저장하고 있는 것일까
가끔 수면 위로 튀어 오르는
그날, 병사의 휴식 같은 수달의 기지개

파로호는 깨뜨릴 파破도 아니고
오랑캐 로盧도 아닌
파랑으로만 물드는 가을 화천의 푸른 햇살 같은 신호

전장의 슬픈 공기도

잿빛 연기 몰고 가던 두루미의 날개도
따뜻한 피를 가진 생명을 기억하고 있다는 것

호수 앞에 앉아서 고요의 시간을 듣고 있으면
칠십 년 전의 전갈이 나뭇잎을 물고 날아온다

이긴다는 것은 무엇일까
후퇴한다는 것은 어디쯤을 말하는 것일까
전진과 후퇴가 전생으로 돌아간다면
한 자리에서 만날 것을
그렇게 하늘과 산은 등을 대고
호수에 제 몸을 비춘다

내포

감자를 보내왔다

박스 속에는 흙 묻은 감자가 리본을 두르고 있었다
지나간 소식들이 틈새를 덮고

꽃 대신 보낸 거라고
편지 대신 보낸 거라고
나는 택배 운송장을 한 글자도 빠뜨리지 않고 읽었다

감자는 따뜻했다
나의 백팩을 메고 따뜻해졌던 그의 등처럼
목과 허리 사이의 시간이
네 번의 여름을 연락 없이 지나갔다

감자는 도서관처럼 조용하고
호수공원처럼 흐르는 중이었다

가장 뜨거웠던 계절에
잠시 마주했던 지상과 이 층 건물을 통과하던
호두나무 냄새가 입안에서 부서졌다

〈
도청 유리창에서 반사되던 햇살
시외버스에서 내리면 나는
언제나 이마에 차양을 했다

감자가 도착했다

모든 기억을 상자 속에 기록한 채
한 질의 장서가 인쇄 냄새를 말리고 있었다

※ 해 설

소통과 유대를 꿈꾸는 도시인의 시

문혜원(문학평론가, 아주대 교수)

　자신의 모든 것을 오직 시로써 표현하고자 하는 사람을 '시인'이라고 한다. 시인의 시집에는 지나온 생활의 흔적이 있고 개인적 염원과 세상에 대한 소망이 담긴다. 그리고 그것들은 모두 글로써 표현된다. 한정원의 이 시집이 그렇다. 시인은 일상의 생활과 여행의 기록과 생각의 추이를 찬찬히 기록하고 있다. 삶은 자자분하고 통속적이고 낱낱이 일상적이다. 그 당연하고 낯익은 것에서 낯선 것을 발견하는 것은 시인의 능력이자 의무이다. 그래서 시인은 끝없이 대상을 관찰하고 언어와 고투를 벌일 수밖에 없다.
　이 시집의 많은 시들이 이 같은 노력의 과정들을 보여준다. 시인은 전혀 무관한 것들에서 연계성을 찾거나 선후 혹은 인과관계를 부여하며 새로운 해석을 시도한다. 시의 대상은 박물관이나 전시회, 영화, 여행지의 풍경 등

시인의 생활 속에 있는 모든 것이다. 시인이 기본적으로 부지런하다는 것과 언제 어디서든 항상 '시'에 주파수를 맞추고 있다는 것을 짐작할 수 있는 대목이다. 경험한 모든 것을 자신의 언어로 다시 쓰고 싶다는 욕망이, 낯익은 것들에서 낯선 것들을 발견하는 동력이 되는 것이다.

시인의 성실한 노력의 자취들을 따라가다 보면, 유독 도드라지는 몇 가지 특성들이 눈에 뜨인다. 도시의 일상과 그것을 바라보는 마음, 사람 사이의 소통과 유대에 대한 소망, 그리고 여성이라는 것. 이 세 가지는 시집의 다양한 특징들 중에서도 가장 뚜렷하게 드러나는 주제들이다.

1. 도시의 일상과 마음의 근원 찾기

이 시집에는 도시적인 배경과 소재가 다수 등장한다. 도시에서 사는 사람의 일상은 비슷비슷하고, 시인 또한 그중의 한 사람으로서 일상을 살아간다. 그는 도시에 사는 여느 사람들과 마찬가지로 밤에 산책로를 따라 걷고(「지금도 걷고 있는」), LED 등이 태양보다 밝게 불 밝힌 곳을 지나치고(「태양의 서커스」), 유행하는 옷들을 전시해 놓은 H&M 쇼윈도 앞에 서본다(「런웨이」). 시청역에서 잠실까지 열네 개의 지하철역을 거쳐 집과 사무실을 오가지만,

출퇴근 모두 지하에 있는 역을 이용하는 덕분에 눈비가 오는 날에도 우산을 가지고 다니지 않는다(「도시의 주름들」). 그가 지나치는 공간들은 대부분 인공적으로 만들어진 인공 자연들이다. 도시에는 있는 그대로의 자연은 사라지고 그것을 본뜬 인공물들이 자리를 잡는다. 한 예로 송도 센트럴 파크에는 수상레저시설을 갖춘 인공호수가 있고, 테마별 정원과 우주선 모양을 닮은 복합문화공간인 '트라이볼'이 있다(「센트럴 파크」). 소래포구와 재래시장의 흔적은 사라지고 사람들은 이 인공 낙원을 만끽하며 살고 있다.

그러나 시인은 도시의 삶이 인공적이라는 이유로 그것을 부정하거나 비관적으로 바라보고 있지는 않다. 인간의 삶은 도시의 크고 작음에 상관없이 이미 도시적 환경과 하나가 되어 있기 때문이다. 시인은 인공의 공간에서 살고 있음을 전제로 하고 거기서 살아가는 모양을 담담하게 터치한다.

시집에 실린 다수의 시들은 도시에서 사는 이들의 문화 경험을 소재로 하고 있다. 전시회나 영화 관람, 공원 산책, 맛집에서의 식사 등 일상에서 이루어지는 사소하고 작은 일들이 시로 옮겨져 있다. 「나뭇잎 사이로 햇살」은 영화 〈퍼펙트 데이즈〉의 장면들을 숨기고 있고, 「페르시아어 수업」은 영화 〈페르시아어 수업〉에서 발상을 빌려온 것이다. 「살아 남겨진 사람들」은 영화 〈살아남은 사람들〉을 보러 간 길에서의 에피소드이고, 「강아지 찾기」는 미셸 들라크루아의 회화들에 대한 이야기이다. 그런가 하면 「사막의 방식」은 모하비 고스트, 듄, 데저트 에덴처럼, 사막과 관련된 이름을 달고 있는 향수에서 시작된 생각을 시로 옮긴 것이고, 「포트메리온이 있는 후식」은 식기에 그려진 문양에서 비롯된 상상을 그려낸다.

밥을 다 먹고 그릇의 바닥이 보였을 때 파란 나비가 날아온다면, 릴리 꽃이 디저트로 컵 속에 피어 있다면 나는 식후 삼십 분의 시간을 경배하겠네. 몸은 따뜻해지고 무거운 숟가락은 내려놓고 비로소 창밖 풍경이 보이기 시작했을 때 커피를 마시기 전 혹은 얼 그레이 티를 마시기 전 식탁 위에서 히비스커스 정원을 만날 수 있네. 아이비 울타리 안에서 꽃을 피우고 식물은 그릇 밖으로 넘어갈 수 있는 거리에서 개화를 멈추고 있네. 아젤리아, 라일락, 백일홍, 해바라기, 수국, 스위트 피, 그때도 폭풍의 언덕에 피어 있었을까. 제인 에어가 달려가던 드레스에 붙어 있던 수염패랭이꽃, 테스가 기대어 울던 황실 장미, 저녁밥을 다 먹고 그릇의 바닥이 드러났을 때 햇빛을 따라 제비꽃이 피어 있다면, 뿌리를 달고 튤립이 부풀어 오르고 있다면, 포트메리온이 보여주는 디저트의 시간을 수증기가 피어오르는 부엌에서 아침까지 기다리겠네. 고개를 숙이고 밥과 나물과 국물이 주고 간 여백에 나타나는 식물 정원을 경배하네.

― 「포트메리온이 있는 후식」 전문

이 시는 영국 고급 식기 브랜드 포트메리온 그릇을 소재로 한 것이다. 꽃과 나비, 울타리 등 정원의 풍경과 과일 무늬 등으로 유명한 포트메리온 그릇은 신혼 선물이나 집들이 선물로 각광받는 고급 그릇이다. 음식을 먹고 난 후 비워진 그릇에는 파란 나비와 릴리 꽃, 히비스커스, 라일락 등의 꽃과 울타리가 그려져 있다. 식사를 마치고 편안하게 차를 마시면서 누리는 호사. 그릇에 새겨진 꽃과 나비 문양을 따라 제인 에어와 테스가 있는 책 속 시공간으로 옮아가는 경험은 밥을 먹고 차를 마시는 일상의 반복 속에서 그릇의 무늬가 불러온 순간의 충일감이다. 시인은 이처럼 사소한 일상의 부분에서 시를 포착해낸다.

그러나 그의 시가 대상에 대한 관찰 기록과 다른 것은, 관찰에 앞서 대상을 선택하고 관찰의 각도를 조정하는 섬세한 시선이 있기 때문이다. 그의 시에 자주 등장하는 이국 풍경과 이를 소재로 한 시들은 이러한 맥락에서 설명될 수 있다. 시집에는 북아일랜드의 벨파스트, 일본 니카나현의 에치코 유자와, 키이우 등 외국 지명이 종종 등장한다. 그런데 이국적인 느낌을 가득 담고 있는 이 시들을 읽다 보면 실제 풍경보다는 그것을 바라보고 있는 시인의 시선과 마음이 더 강하게 느껴지는 특이한 경험을 하게 된다. 여행지에서 발상을 얻은 시들이 다수 발견되지만, 시인의 시선은 대부분 대상에서 출발해서 그것과 얽힌 기억으로 연결된다. 타이타닉 박물관이 있는 벨파스트는 침몰한 타이타닉호와 영화 〈벨파스트〉의 아홉 살 버디의 경험, 그것을 바라보는 시인의 기억과 섞이고(「벨파스트」, 「슬픔의 도구」), 전쟁으로 황폐해진 키이우의 풍경은 인생의 쓸쓸함과 덧없음을 떠올리게 한다(「해바라기 감정」, 「해바라기 감정 2」). 외부의 대상들이 기계적으로 묘사되지 않고 시인의 기억과 정서에 의해 한 번 더 해석되고 의미가 부여되는 것이다.

> 먹으로 쓴 저녁 그림자가 따라오고 있었다
> 료칸을 통과한 터널이 소실점을 보이며
> 언덕길 내리막으로 펼쳐질 때
> 에치코 유자와는 과일 이름처럼 가로수를 밝혔다
>
> 아스팔트 바닥에 날개 찢긴 한 마리 새의 사체
> 붉은빛으로 하늘을 향하고
> 어깨 굽은 묶음머리 여자가 검은 곡식을 뿌리며
> 일본말로 주술을 외우고 있었다

〈

　　온천이 있는 마을을 걸어가는 시간

　　그 새는 어디로 날아가는 중이었을까

　　하늘은 남쪽에도 서쪽에도 그물투성이

　　공원과 버스정류장에서

　　소설가 이름은 오래 살고 있는데

　　작은 새 소리는 짧게

　　이 차선 도로를 건너가지 못했다

　　여름에도 가을에도 설국 입구는 수증기로 가득 차 있
　었다

　　　　　　　　　　　　　　　　　　ㅡ「가변 풍경」전문

　에치코 유자와는 가와바타 야스나리의 소설 「설국」의 배경인 니카타현의 작은 마을이다. 그곳을 찾아가는 길에서 시인이 발견한 것은 아스팔트 바닥에 있는 새의 사체이다. 어두워지는 시간, 날개가 찢겨 죽은 새는 하늘을 향하고 있고 한 여자가 주술을 외며 검은 곡식을 뿌리고 있다. 어디로 가는 길이었는지 알 수 없는 작은 새는 바닥에 죽어 있고, 마을을 배경으로 한 소설을 쓴 작가의 이름은 공원과 버스정류장에 아직껏 남아 있다. 죽은 새와

죽은 소설가의 사후의 시간. 시인은 시간이 지나도 지워지지 않는 것과 속절없이 잊혀지는 것, 그것들의 기원과 소멸을 떠올린다.

이처럼 시인은 크고 작은 도시들을 돌아다니며 그곳에 얽힌 사연과 사람들을 기록하고, 어긋나는 시간과 인연들을 더듬고 보듬는다. 그리고 그것을 자신의 내면으로 들여와 순수하고 조화롭던 날들의 기억과 연결한다(「문경」, 「벨파스트」). 이때 시인은 도시를 돌아다니며 그것의 기원을 추적하는 기록자이자 자신의 마음의 근원을 찾아 헤매는 순수한 영혼이다.

2. 느슨한 유대와 소통의 바람

때로 시간은 그냥 흘러가 버리는 것이 아니라 다시 길을 만들기도 한다. 기억은 방금 전 출발해버린 기차처럼 도달한 순간 다시 멀어지고, 시인은 그 '시간의 뒤편'을 바라본다. 하지만 달리 생각해보면, 기차를 놓치고 출발 시간을 늦춘 덕분에 과거의 시간을 기억할 수 있는 것이다. 시인은 돌아온 그 시간들을 다시 살아내며 새로운 길을 연다("나는 늘 먼 곳에 내 기억을 놓고 와버리고/잠깐 기다리라는 황색 선 앞에서 멈칫거린다/철로보다 긴 생애가 다시 길을 만드는/우주의 한 정거장"-「시간의 뒤편」).
'나'는 시간의 무한한 흐름의 한 지점에 잠깐 서 있고, 그 시간을 살고, 시간의 흐름에 따라 사라질 것이다.

> 그림자와 그림자가 겹쳐지면 더 어두워지는가
> 너는 가로등 불빛 앞에서
> 나의 등을 안았다가 풀었다가 안았다
>
> 그림자 위에 그림자가 얹어질 때
> 우리의 우울과 우울이 맞닿을 때
> 그림자는 더 무거운 색으로 번지는가
> 강변을 달리던 눈발
> 고장 난 와이퍼 한쪽의 기억
> 빌딩과 보도블록이 무너지고
> 노래는 어제처럼 그림자보다 햇살을
> 가사는 현실보다 슬픔 쪽을 지향한다
>
> …중략…
>
> 그림자를 만들며 너는 가로등 앞에 서 있다
> 트럭 안에서 흐르는 낡은 재즈 연도는
> 너를 따라가며 춤출 것이다

눈물 고인 얼굴과 얼굴이 마주하면
슬픔은 더 큰소리로 흘러내리는가

그림자와 그림자가 겹쳐지면 더 진한 빛깔이 될까
— 「나뭇잎 사이로 햇살」 부분

영화 〈퍼펙트 데이즈〉의 장면들을 옮겨놓은 이 시는 시인이 생각하는 인간의 삶을 서정적으로 그려내고 있다. "그림자와 그림자가 겹쳐지면 더 어두워지는가"라는 질문은 영화 속 밤의 강변에서 두 남자가 그림자 잡기 놀이를 하는 장면에 나오는 것이다. 서로의 그림자를 밟으려 하는 중에 그림자는 겹쳐졌다가 떨어지기를 반복하고, 밤중에 중년의 두 남자가 벌이는 철 지난 놀이는 쓸쓸한 풍경에 애잔함을 더한다. 영화는 평소와 같이 트럭을 몰고 가는 주인공 청소부의 얼굴을 오랫동안 비추며 엔딩을 맞는다. 마치 인생의 희로애락이 천천히 흘러가는 것처럼 미세하게 변화하는 배우의 표정이 압권이었던 영화. 시인은 영화의 잔잔하고 깊은 울림을 언어로써 재구성하며 성실하고 묵묵히 살아내는 삶의 쓸쓸한 아름다움을 담담하게 표현한다.

의자가 없어서 봄은 오지 않았다

바람이 걸려 있는 숲속에 서 있었다

구청에서는 버스정류장을 하나 더 만들어 놓고
노인들을 기다렸다
의자를 놓기 위해 정류장을 늘리고
산수국화에 받아놓은 빗물을 주고
목적지 노선표에 전광판을 연결했다

의자가 생기고 소식은 오기 시작했다
약국은 최초로 의자가 있어서 쉴 수 있던 곳
약국에서 만난 당신이 잘 있으면 나도 잘 있다고
면도를 하고 정류장 의자에 나와 앉아 있으면
나도 잘 있는 거라고
연인은 떠났지만 의자는 나를 떠나지 않았다

의자에 앉을 때 하늘을 올려다볼 수 있는
허리를 받쳐주고 목을 기댈 수 있는 의자를
구청에서 개발했다고
밤에는 별을 보기 위해 따뜻한 정류장 의자에 갔다
  　　　　　　　　　　　－ 「의자의 엔트로피 1」 부분

시적인 배경과 토운을 달리하는 이 시는 삶에 대한 시

인의 생각이 좀 더 직접적이고 선명하게 드러난 예이다. 시는 "의자가 없어서 봄은 오지 않았다"라는 어색한 인과관계를 품은 문장으로 시작되고, 이어지는 2연의 사건들 역시 선후관계가 전도되어 있다. 시의 내용처럼 구청 직원이 노인들이 쉬어갈 의자를 놓기 위해 일부러 정류장을 만들고 전광판을 연결할 리는 없을 것이다. 일상적인 진실은, 시에서처럼 의자를 놓기 위해서 정류장을 늘리고 국화에 빗물을 주고 전광판을 연결한 것이 아니라 정류장을 만들면서 목적지를 알려주는 전광판을 연결하고 의자를 비치한 것이다. 산수국화에 빗물을 준다는 것으로 보아, 산수국화는 일부러 심고 관리하는 것이 아니라 원래부터 정류장 근처에 피어 있는 야생 국화일 것이다. 언제부턴가 버스정류장에 비바람을 막는 작은 공간이 만들어지고, 여름에는 쿨링포그가 설치되어 더위를 식히고 겨울에는 온열 기능이 있는 의자 덕분에 잠시 몸을 녹일 수 있게 되었다. 덕분에 버스를 기다리는 시간이 조금 편안해지기는 했지만, 그것은 정류장이 있음으로 해서 부가되는 편의일 뿐 어느 정류장도 의자를 놓기 위해 만들어진 것은 아니다.

　그럼에도 불구하고 '의자를 놓기 위해 정류장을 만들었다'고 말하는 이유는, 3연에서 구체화되는 의자의 쓰임새를 강조하기 위한 것이다. 약국에 놓인 의자는 약이 나오기까지 앉아 있기 위한 것이고 정류장의 의자는 버스를 기다리기 위한 것이지만, 한편으로는 사람들이 소식을 전하고 부담 없이 이야기를 나눌 수 있는 자리이기도 하다. 옛날의 빨래터나 이발관, 동네 미용실에서 그랬듯이, 약국이나 정류장에서는 모르는 사람들끼리도 건강이나 자식 이야기, 세상살이 이야기를 나누다가 헤어져서 다시 갈 길을 간다.

하지만 때로는 약국이나 정류장이 곧 목적지가 되는 사람들도 있다. 정류장은 목적지로 가는 버스를 타기 위한 공간이지만, 노인들에게는 힘든 산책길의 목적지이자 휴식의 장소가 되기도 한다. 거기서 햇볕을 쬐고, 오가는 사람을 구경하고, 다시 집으로 돌아가는 노인들에게, 정류장 의자는 그것 자체가 의미이자 목적일 수 있는 것이다. '의자를 놓기 위해서 정류장을 만들었다'는 전후 관계가 바뀐 문장은, 그랬으면 좋겠다는 바람과 그래야 한다는 당위적 판단을 안고 있는 셈이다.

과거의 기억이 돌아오고 다시 미래로 길을 만들듯이, 우연히 만났다가 헤어져 간 사람들은 다시 우연히 만나기도 한다. "사과꽃이 피어서 약국에 갔다. 사과꽃이 필 때 넘어졌던 사람은 사과꽃이 피는 계절에 다시 아프다."(「사과꽃이 핀다」)에서처럼, 약국에 가면 언젠가 보았던 듯한 약간 낯이 익은 것도 같은 얼굴을 볼 수도 있다. 이들이 느끼는 동병상련은 비슷한 시기에 유년과 사춘기를 보내고 중년이 되어 비슷한 질병과 삶의 애환을 겪어본 사람들 사이의 유대감이다. 굳이 말하지 않아도 저간의 사정을 알 것 같은 익숙함과 편안함. 시인이 그리는 좋은 삶은 이들 사이에 흐르는 유대감처럼 느슨하고 조용한 공감과 소통이 있는 삶이고, '의자'는 그것을 가능하게 하는 매개물이다. 이러한 '의자'가 없다면 사람들 사이에 '봄'은 오지 않을 것이다. 인용된 시의 첫 문장은 이런 연유로 해서 만들어진, 시의 사실상 결론인 셈이다. '의자'는 사람 사이의 만남과 소통, 관심과 위로를 상징한다. 이때 시인의 시는 앞서 예로 든 시들의 모던하고 도시적인 느낌과는 달리 다소곳하고 따뜻하다.

3. 엄마, 여성에 대하여

이 시집에서 간과되어서는 안 될 또 한 가지는 시인이 지속적으로 관심을 보여온 여성성에 대한 것이다. 「나는 암컷이 좋다」라는 인상적인 시를 보여줬던 시인의 이번 시집에는 여성성을 주제로 한 시들은 많지 않지만(「런웨이」, 「올리브나무는 저녁을 밀어내고」 정도가 이에 해당할 것이다), 다음 시는 시인이 여전히 여성으로서의 정체성에 대한 고민과 관심을 이어가고 있음을 알게 한다.

    올리브 열매가 밤을 밀어냈어요
    올리브 오일이 불을 밝히자 저녁이 사라졌어요
    올리브라고 발음하자 올리브는 도망가고
    동사만 남았어요
    올리브를 압축시키자 오일이 뚝뚝 떨어지고
    껍질만 뒹굴러요

    올리브가 식초에 잠겨요
    소금에 녹는
    비누처럼 단단해지는
    나는 올리브로 나를 문질러 봐요
    나의 붉은 상처에 올리브를 올려놓고
    딱지가 질 때까지 기다려요

    올리브는 원형 극장에서 일몰을 거두었어요
    불을 밝혔어요
    올리브는 메시아,
    기름 부은 자,
    죽음을 몰아낸 자
    〈

올리브 향은 바람에 날려가요
입술을 스치며 손가락 사이로
향긋한 어둠이 낮게 가라앉아요

올리브가 새벽을 몰고 와요
어머니가 저녁을 밀어내고 밤을 밝혀요
껍질만 남은 어머니가 새벽을 열고
앵두나무에 기름을 부어요
나는 앵두나무 껍질로 상처를 문질러봐요

울음과 통증을 밀어낸 메시아
단단해진 손으로 얼굴을 만지는
올리브 오일로 불을 밝히는
동사로 남은 어머니

─「올리브나무는 저녁을 밀어내고」 전문

시는 올리브나무의 다양한 쓰임새를 이야기하다가 어머니 이야기로 자연스럽게 연결된다. 올리브나무는 중동 지방에서 재배되기 시작해서 현재는 지중해 연안에서 주로 재배된다. 스페인, 이탈리아, 그리스 등이 주요 생산국인데, 요즘에는 한국에서도 일부 재배되면서 가정이나 카페 등에서 종종 올리브 나무가 심겨진 화분을 볼 수 있다.

올리브나무는 성경에도 나올 만큼 서양에서는 오래되고 친숙한 소재이다. 구약성경에서 방주를 탄 노아가 육지를 찾기 위해 비둘기를 날려 보냈을 때 세 번째 비둘기가 물고 온 것이 올리브나무 가지였고, 출애굽기에는 신이 모세에게 향료와 올리브기름으로 성유聖油를 만드는 방법을 알려주는 장면이 나온다.

시에서 올리브나무는 다양한 맥락을 거느리고 있다. 1, 2연은 오일로 만들어져서 식용으로 쓰이거나 피부의 상처를 진정시키는 데 사용되는 올리브의 일반적인 효능에 초점을 맞추고 있다. 이에 비해 3연에서 올리브는 서양 문화와 종교적인 상징성을 담고 있다. 서양 역사 속에서 올리브유는 실제 등불을 밝히는 재료이면서 세상의 어둠을 밝히는 종교적인 상징으로 설명된다. 시에 나오는 것처럼 '메시아'는 '기름 부은 자'를 뜻하는데 이때의 '기름'이 바로 올리브유이다. '기름 부음'은 하나님의 위임을 받았음을 의미하는 것으로서, 예수가 인류의 죄를 대속하기 위해 하나님으로부터 부름을 받았음을 뜻한다.

'불을 밝힌다'는 중의적인 표현은 그 뒤에 오는 '새벽'의 이미지로 연결되면서 5연에서 '어머니'로 연결된다. 어머니는 누구보다 먼저 일어나 새벽을 맞이하며 식구들의 하루를 준비하고, 저녁을 마련하며 밤늦도록 불을 밝혀 식구를 기다리고, '앵두나무'로 대표되는 주변의 생명들을 거두고 키운다. '나'와 식구들을 포함한 생명들은 어머니의 불 밝힘으로써 상처를 치유받고 세상을 사는 것이다. 시인은 그러한 어머니의 삶을 '메시아'에 비유하고 있다.

열매로 오일을 만들어서 식용이 되고, 상처를 치료하고, 등불을 켜는 올리브 나무. 힘겹게 맺은 열매를 사방의 쓰임새로 고루 나누어주고 껍질만 남은 올리브와 식구들을 건사하며 늙은 어머니가 나란히 놓인다. 올리브와 어머니의 비유도 새롭지만, 그보다 더 중요한 것은 비유의 내용이 일방적인 희생과 헌신으로 해석되지 않는다는 점이다. 올리브와 어머니의 행위는 타의에 의해 압착되고 강요되고 활용된 것이 아니라, 스스로 저녁을 밀어내고 불을 밝히는 것으로 표현되어 있다. 올리브는 껍질로 뒹굴며 동사로 남고, 껍질만 남은 어머니는 울음과 통증의 세월을 밀어내고, 단단해진 손으로 불을 밝히며 '동사로 남는다'.

'동사로 남는다'는 표현은 '어머니'를 포함한 여성의 삶을 수동적이고 희생적인 것이 아니라 적극적이고 의지적인 것으로 보는 새로운 시각을 제시한다. 이는 가부장제 하에서 가사노동이과 육아에 바쳐진 여성의 삶이 왜곡되고 강요된 것임을 폭로하는 익숙한 시각들과는 다른 것이다. 이 시는 그렇게 살아온 여성의 삶이 강제적인 것이라는 데 동의하지만, 그 상황 속에서도 자신의 역할을 적극적으로 해내고 삶의 의미를 주체적으로 만들어냈던 여성들의 강인함과 생생한 생명력에 더 초점을 맞추고 있다. 이것은 왜곡된 여성성에 대한 비판을 넘어서 그 세월을 살아낸 여성들의 구체적인 삶을 들여다보고 그 의미를 살려내는, 조금은 다른 방식의 여성성을 헤아려보게 한다. 시인의 다음 시집이 궁금해지는 지점이다. 그런 점에서 그의 시는 미래적이고, 오늘도 찬찬히 쓰여지는 중이다.

상상인 기획시선 10

의자가 없어서 봄은 오지 않았다

지은이 한정원
초판인쇄 2025년 11월 24일 **초판발행** 2025년 11월 28일
펴낸곳 도서출판 상상인 **편집주간** 황정산 **펴낸이** 진혜진
표지디자인 최혜원 **기획·마케팅** 전은빈 최유림 노혜림 정현수
책임교정 오 늘 **편집** 세종PNP
등록번호 제572-96-00959호 **등록일자** 2019년 6월 25일
주소 06621 서울시 서초구 서초대로74길 29, 904호
전화번호 02-747-1367, 010-7371-1871
팩스 02-747-1877 **전자우편** ssaangin@hanmail.net

ISBN 979-11-7490-031-9 (03810)

값 12,000원

* 이 책은 전부 또는 일부 내용을 재사용하려면 반드시 저작권자와 도서출판 상상인의 동의를 받아야 합니다.
* 이 도서의 국립중앙도서관 출판시도서목록(CIP)은 서지정보유통지원시스템 홈페이지(http://seoji.nl.go.kr)와 국가자료공동목록시스템(http://www.nl.go.kr/kolisnet)에서 이용하실 수 있습니다.